AF220116

Liebe Menschen. Hallo. Begrüßen wir uns auf eine nette Art und Weise.

Kariertes Notizbuch 8x8 mm für junge Leute

Kurt Heppke

Bibliografische Information der Deutschen Nationalbibliothek:
Die Deutsche Nationalbibliothek verzeichnet diese Publikation in der
Deutschen Nationalbibliografie; detaillierte bibliografische Daten sind
im Internet über http://dnb.dnb.de abrufbar.

Herstellung und Verlag: BoD – Books on Demand, Norderstedt

ISBN: 978-3-7562-0665-0

Dieses Buch gehört

_____

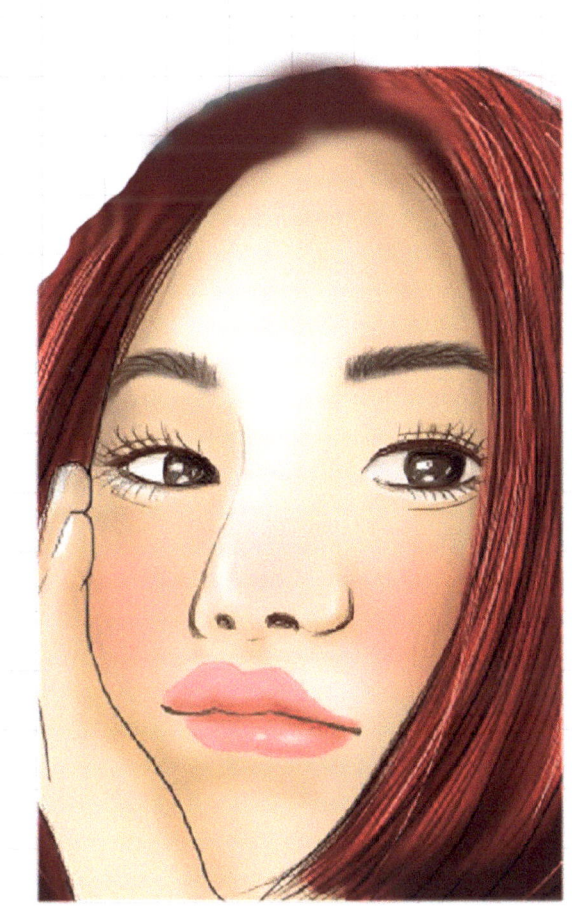

Mehr von mir können Sie hier finden:
https://www.kurtheppke.com/

Mehr von mir können Sie hier finden:
https://www.kurtheppke.com/